From Alif to Arabic

Level 2

Your first words

Title: From Alif to Arabic level 2 – your first words.

Compiled by: Team 'From Alif to Arabic'

ISBN: 978-1-9168783-1-0

Note:
This book is part of the online video course: From Alif to Arabic.

Level 1: Reading and writing
Level 2: Your first words
Level 3: A Solid Foundation
Level 4: Deeper in the language
Level 5: Our beautiful language

For information, suggestions or questions, please visit the website:
www.aliftoarabic.com
Or send an email to:
contact@aliftoarabic.com

In the Name of Allah,
The Most Gracious, The Most Merciful

Index

Preface

All praise is due to Allah, The Lord of the Worlds.

May Peace and Blessings be upon our Prophet Muhammad, the Arab Prophet sent to all humanity.

Thereafter:

Studying the Arabic language has been a priority of the Muslims for centuries. For it is the language of Islam, and the language of the Qur'an.

Scholars, teachers and experts have committed themselves to facilitating this goal for the beginning students.

For many years, we, the team of 'from Alif to Arabic', taught the Arabic language using several of the available methods and curriculums. We were never really satisfied, because none of the books were designed for studying online, in small groups, privately, or for self-education.

We needed a simple, easy method, not overly extensive but still covering all important topics. It needed to be suitable for children and adults, and possible to use as an online course, for studying from home.

Ultimately we chose to compile a curriculum ourselves, in which we summarized our years of experience and observations to design a concise, simple and cheerful course for English-speaking students.

We used fun and useful topics, which are reflected in everyday life and also in Islamic texts.
Also, we took extreme care to balance the vocabulary with the grammar and writing rules, to make the learning process easy, enjoyable, and effective.

With the Help of Allah, this book is the final result, as second book in a five-part series.

We want to thank all the authors who preceded us, whom we learned from and on whose efforts we largely based this work.

And of course, we thank everyone who helped us to publish this book.

And all praise is to Allah alone.

The Team   from Alif to Arabic

Instructions

Some tips for using this student book

- This student book is part of the online video course: From Alif to Arabic.

- To know more about the course, please visit the website: www.aliftoarabic.com

- First, watch the video lesson.
  Then read the sentences and make the exercises.

- If you have any questions, ask the teacher about them using Telegram or Email.

- Don't be too hasty: practice all the previous lessons well before going to the next one.

- Do you want us to check your exercises? Drop us an email at: contact@aliftoarabic.com

- Or send us a message on Telegram!

Unit 1

اَلْوَحْدَةُ 1 – الدِّرَاسَةُ
Unit 1 – Studying

Wat will we learn:

- 25 new words.
- How to use all new words in sentences.
- Rule "this is" (masculine and feminine).
- 'The' in the Arabic language.
- The word "on".
- The word "in".
- The masculine and feminine verb.
- How to make a question with "what is...?"

Let's get started!

from Alif to Arabic

www.aliftoarabic.com

Lesson 1: Studying   اَلدَّرْسُ الْأَوَّلُ: الدِّرَاسَةُ

كِتَابٌ - قَلَمٌ - مَكْتَبٌ - كُرْسِيٌّ - مُعَلِّمٌ

طَالِبٌ - هَذَا - عَلَى

Exercise 1: Reading   التَّدْرِيبُ الْأَوَّلُ: اَلْقِرَاءَةُ

This is a book.	هَذَا كِتَابٌ.
This is a pen.	هَذَا قَلَمٌ.
This is a desk.	هَذَا مَكْتَبٌ.
This is a chair.	هَذَا كُرْسِيٌّ.
This is a teacher.	هَذَا مُعَلِّمٌ.
This is a student.	هَذَا طَالِبٌ.
This is a desk, and this is a chair.	هَذَا مَكْتَبٌ، وَهَذَا كُرْسِيٌّ.
This is a book, and this is a pen.	هَذَا كِتَابٌ، وَهَذَا قَلَمٌ.
The book is on the desk.	الْكِتَابُ عَلَى الْمَكْتَبِ.
The pen is on the book.	الْقَلَمُ عَلَى الْكِتَابِ.

Exercise 2: Understanding   التَّدْرِيبُ الثَّانِي: الْفَهْم

1. Draw a line to the correct picture.

• كِتَابٌ

• قَلَمٌ

• طَالِبٌ

• مَكْتَبٌ

• كُرْسِيٌّ

• مُعَلِّمٌ

Exercise 3: Writing　　التَّدْرِيبُ الثَّالِثُ: الْكِتَابَةُ

كِتَابٌ

قَلَمٌ

مَكْتَبٌ

كُرْسِيٌّ

مُعَلِّمٌ

طَالِبٌ

اَلْكِتَابُ عَلَى الْمَكْتَبِ.

Lesson 2: In the classroom — اَلدَّرْسُ الثَّانِي: فِي الْفَصْلِ

فَصْلٌ - سَبُّورَةٌ - حَقِيبَةٌ - طَالِبَةٌ - مُعَلِّمَةٌ
مَكْتَبَةٌ - هَذِهِ - فِي

Exercise 1: Reading — اَلتَّدْرِيبُ الْأَوَّلُ: اَلْقِرَاءَةُ

This is a classroom.	هَذَا فَصْلٌ.
This is a schoolboard.	هَذِهِ سَبُّورَةٌ.
This is a bag.	هَذِهِ حَقِيبَةٌ.
This is a bookcase.	هَذِهِ مَكْتَبَةٌ.
This is a female student.	هَذِهِ طَالِبَةٌ.
This is a female teacher.	هَذِهِ مُعَلِّمَةٌ.
This is a book, and this is a schoolboard.	هَذَا كِتَابٌ، وَهَذِهِ سَبُّورَةٌ.
This is a chair, and this is a bag.	هَذَا كُرْسِيٌّ، وَهَذِهِ حَقِيبَةٌ.
The pen is in the bag.	اَلْقَلَمُ فِي الْحَقِيبَةِ.
The book is in the bookcase.	اَلْكِتَابُ فِي الْمَكْتَبَةِ.
The schoolboard is in the classroom.	اَلسَّبُّورَةُ فِي الْفَصْلِ.

التَّدْريبُ الثَّاني: الْفَهْم — *Exercise 2: Understanding*

1. Masculine and feminine. Read the differences.

هَذَا / هَذِهِ

هَذَا كِتَابٌ	هَذِهِ سَبُّورَةٌ
هَذَا فَصْلٌ	هَذِهِ مَكْتَبَةٌ
هَذَا طَالِبٌ	هَذِهِ طَالِبَةٌ

2. Write the correct word on the dotted line. هَذَا or هَذِهِ

كُرْسِيٌّ	حَقِيبَةٌ ....
قَلَمٌ	مُعَلِّمٌ ....
مُعَلِّمَةٌ	مَكْتَبَةٌ ....

3. Write the word that fits in the sentence: in: في or on: عَلَى

فِي – عَلَى

اَلْحَقِيبَةُ .... الْمَكْتَبِ.

اَلْمُعَلِّمَةُ .... الْكُرْسِيِّ.

اَلْكِتَابُ .... الْمَكْتَبَةِ.

اَلْقَلَمُ .... الْكِتَابِ.

Exercise 3: Writing

التَّدْرِيبُ الثَّالِثُ: الْكِتَابَةُ

فَصْلٌ

سَبُّورَةٌ

حَقِيبَةٌ

طَالِبَةٌ

مُعَلِّمَةٌ

مَكْتَبَةٌ

اَلسَّبُّورَةُ فِي الْفَصْلِ.

Lesson 3: Verbs — اَلدَّرْسُ الثَّالِثُ: أَفْعَالٌ

اَللُّغَةُ الْعَرَبِيَّةُ - دَفْتَرٌ - مُصْحَفٌ - حَاسُوبٌ

يَدْرُسُ - يَقْرَأُ - يَكْتُبُ - مَا

Exercise 1: Reading — اَلتَّدْرِيبُ الْأَوَّلُ: اَلْقِرَاءَةُ

The Arabic language.	اَللُّغَةُ الْعَرَبِيَّةُ.
This is a notebook.	هَذَا دَفْتَرٌ.
This is a mushaf (Quran book).	هَذَا مُصْحَفٌ.
This is a computer.	هَذَا حَاسُوبٌ.
The mushaf is on the desk.	اَلْمُصْحَفُ عَلَى الْمَكْتَبِ.
The laptop is on the chair.	اَلْحَاسُوبُ عَلَى الْكُرْسِيِّ.
The notebook is on the desk.	اَلدَّفْتَرُ عَلَى الْمَكْتَبِ.
The male student studies. The female student studies.	اَلطَّالِبُ يَدْرُسُ. اَلطَّالِبَةُ تَدْرُسُ.
The male teacher writes. The female teacher writes.	اَلْمُعَلِّمُ يَكْتُبُ. اَلْمُعَلِّمَةُ تَكْتُبُ.
Zayd reads. Halima reads.	زَيْدٌ يَقْرَأُ. حَلِيمَةُ تَقْرَأُ.

Longer sentences!

Zayd studies the Arabic language.	زَيْدٌ يَدْرُسُ اللُّغَةَ الْعَرَبِيَّةَ.
Mohammed writes the lesson.	مُحَمَّدٌ يَكْتُبُ الدَّرْسَ.
The male student reads the book.	اَلطَّالِبُ يَقْرَأُ الْكِتَابَ.
Halima studies on the computer.	حَلِيمَةُ تَدْرُسُ عَلَى الْحَاسُوبِ.
Maryam writes in the notebook.	مَرْيَمُ تَكْتُبُ فِي الدَّفْتَرِ.
The female student reads in the mushaf.	اَلطَّالِبَةُ تَقْرَأُ فِي الْمُصْحَفِ.

Exercise 2: Understanding   التَّدْرِيبُ الثَّانِي: الْفَهْم

1. Draw a line between the words to form correct sentences.

Tip: Pay attention to the first letter of the verb: is it masculine or feminine?

فِي الدَّفْتَرِ.	يَكْتُبُ	مَرْيَمُ
الْكِتَابَ.	تَكْتُبُ	زَيْدٌ
اللُّغَةَ الْعَرَبِيَّةَ.	يَدْرُسُ	مُحَمَّدٌ
عَلَى الْحَاسُوبِ.	تَدْرُسُ	اَلطَّالِبُ
الدَّرْسَ.	يَقْرَأُ	حَلِيمَةُ

2. Write the correct word on the dotted line.

هَذَا .... ما هَذَا؟

هَذَا .... ما هَذَا؟

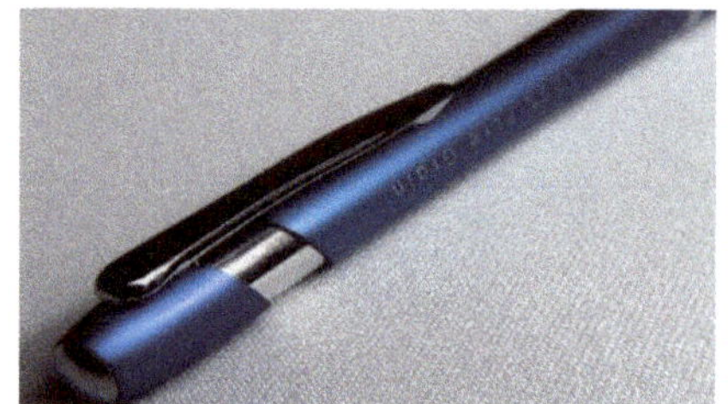

هَذَا .... ما هَذَا؟

هَذِهِ .... ما هَذِهِ؟

هَذِهِ .... ما هَذِهِ؟

هَذِهِ .... ما هَذِهِ؟

Exercise 3: Writing

التَّدْرِيبُ الثَّالِثُ: الْكِتَابَة

اَللُّغَةُ الْعَرَبِيَّةُ

دَفْتَرٌ

مُصْحَف

حَاسُوبٌ

تَدْرُسُ

تَكْتُبُ

زَيْدٌ يَدْرُسُ اللُّغَةَ الْعَرَبِيَّةَ.

www.aliftoarabic.com

Unit 2

اَلْوَحْدَةُ 2 – الْبَيْتُ

Unit 2 – The house

Wat will we learn:

- 25 new words.

- How to use all new words in sentences.

- Prepositions: before, behind, above, under, next to.

- 5 personal pronouns.

- Adjectives (small & big).

- Making a question with "is this…?"

- Making a question with "who…?"

- Making a question with "where is…?"

Let's get started!

Lesson 4: The house   اَلدَّرْسُ الرَّابِعُ: الْبَيْتُ

بَابٌ - بَيْتٌ - مَسْجِدٌ - سَيَّارَةٌ - نَافِذَةٌ - طَرِيقٌ
أَمَامَ - خَلْفَ - هَلْ - نَعَمْ - لَا

Exercise 1: Reading   اَلتَّدْرِيبُ الأَوَّلُ: اَلْقِرَاءَةُ

This is a house.	هَذَا بَيْتٌ.
In the house is a door.	فِي الْبَيْتِ بَابٌ.
And in the house is a window.	وَفِي الْبَيْتِ نَافِذَةٌ.
In front of the house is a road.	أَمَامَ الْبَيْتِ طَرِيقٌ.
On the road is a car.	عَلَى الطَّرِيقِ سَيَّارَةٌ.
The house is in front of the mosque.	اَلْبَيْتُ أَمَامَ الْمَسْجِدِ.
The chair is in front of the desk.	اَلْكُرْسِيُّ أَمَامَ الْمَكْتَبِ.
The desk is behind the chair.	اَلْمَكْتَبُ خَلْفَ الْكُرْسِيِّ.
The car is in front of the house.	اَلسَّيَّارَةُ أَمَامَ الْبَيْتِ.
The house is behind the car.	اَلْبَيْتُ خَلْفَ السَّيَّارَةِ.
The computer is in front of the bag.	اَلْحَاسُوبُ أَمَامَ الْحَقِيبَةِ.
The bag is behind the computer.	اَلْحَقِيبَةُ خَلْفَ الْحَاسُوبِ.

Is this a computer?	هَلْ هَذَا حَاسُوبٌ؟
Yes, this is a computer.	نَعَمْ، هَذَا حَاسُوبٌ.
Is this a house? No, this is a mosque.	هَلْ هَذَا بَيْتٌ؟ لَا، هَذَا مَسْجِدٌ.

Exercise 2: Understanding   التَّدْرِيبُ الثَّانِي: الْفَهْم

1. Write the fitting word on the dotted line.

أَمَامَ - خَلْفَ - فِي - عَلَى

اَلْبَيْتُ .... السَّيَّارَةِ.

اَلْقَلَمُ .... الْكِتَابِ.

اَلْمَكْتَبُ .... الْفَصْلِ.

اَلْكِتَابُ .... السَّبُّورَةِ.

2. Draw a line under the correct answer.

هَلْ هَذَا حَاسُوبٌ؟	<u>نَعَمْ</u> / لَا
هَلْ هَذَا دَفْتَرٌ؟	نَعَمْ / لَا
هَلْ هَذِهِ سَيَّارَةٌ؟	نَعَمْ / لَا
هَلْ هَذِهِ سَبُّورَةٌ؟	نَعَمْ / لَا
هَلْ هَذَا بَابٌ؟	نَعَمْ / لَا
هَلْ هَذَا مُصْحَفٌ؟	نَعَمْ / لَا

Exercise 3: Writing   التَّدْرِيبُ الثَّالِثُ: الْكِتَابَةُ

بَيْتٌ

بَابٌ

نَافِذَةٌ

طَرِيقٌ

مَسْجِدٌ

سَيَّارَةٌ

أَمَامَ الْبَيْتِ طَرِيقٌ.

Lesson 5: In the kitchen — اَلدَّرْسُ الْخَامِسُ: فِي الْمَطْبَخِ

مَطْبَخٌ - ثَلَّاجَةٌ - خُبْزٌ - حَلِيبٌ - تَمْرٌ - مَاءٌ - يَأْكُلُ

يَشْرَبُ - مَنْ - أَنَا - أَنْتَ - أَنْتِ - هُوَ - هِيَ

Exercise 1: Reading — اَلتَّدْرِيبُ الْأَوَّلُ: اَلْقِرَاءَةُ

This is a kitchen.	هَذَا مَطْبَخٌ.
In the kitchen is bread.	فِي الْمَطْبَخِ خُبْزٌ.
And in the kitchen is a fridge.	وَفِي الْمَطْبَخِ ثَلَّاجَةٌ.
In the fridge is milk and water.	فِي الثَّلَّاجَةِ حَلِيبٌ وَمَاءٌ.
And in the fridge are dates.	وَفِي الثَّلَّاجَةِ تَمْرٌ.
Zayd eats. Halima eats.	زَيْدٌ يَأْكُلُ. حَلِيمَةُ تَأْكُلُ.
Mohammed drinks. Maryam drinks.	مُحَمَّدٌ يَشْرَبُ. مَرْيَمُ تَشْرَبُ.
Zayd eats the dates.	زَيْدٌ يَأْكُلُ التَّمْرَ.
Halima eats the bread.	حَلِيمَةُ تَأْكُلُ الْخُبْزَ.
Mohammad drinks the water.	مُحَمَّدٌ يَشْرَبُ الْمَاءَ.
Maryam drinks the milk.	مَرْيَمُ تَشْرَبُ الْحَلِيبَ.

Personal pronouns

الضَّمَائِرُ

I am Zayd.	أَنَا زَيْدٌ.
You are Sa'eed.	أَنْتَ سَعِيدٌ.
He is Mohammad.	هُوَ مُحَمَّدٌ.
I am Halima.	أَنَا حَلِيمَةُ.
You are Layla.	أَنْتِ لَيْلَى.
She is Maryam.	هِيَ مَرْيَمُ.
Who are you? I am Zayd.	مَنْ أَنْتَ؟ أَنَا زَيْدٌ.
Who are you? I am Halima.	مَنْ أَنْتِ؟ أَنَا حَلِيمَةُ.
Who is this? This is Ahmad. He is a teacher.	مَنْ هَذَا؟ هَذَا أَحْمَدُ. هُوَ مُعَلِّمٌ.
Who is this? This is Layla. She is a teacher.	مَنْ هَذِهِ؟ هَذِهِ لَيْلَى. هِيَ مُعَلِّمَةٌ.

Exercise 2: Understanding　　التَّدْرِيبُ الثّانِي: الْفَهْم

4. Write the fitting word in the correct sentence.

كِتَابٌ - ثَلَّاجَةٌ - كُرْسِيٌّ - حَلِيبٌ - مُصْحَفٌ

1. فِي الْمَطْبَخ ....

2. فِي الثَّلَّاجَةِ ....

3. عَلَى الْمَكْتَبِ ....

4. أَمَامَ الْمَكْتَبَةِ ....

5. فِي الْحَقِيبَةِ ....

5. Put the words in the right order to form a correct sentence.

1. سَعِيدٌ - الْحَلِيبَ - يَشْرَبُ ....

2. تَأْكُلُ - الْخُبْزَ - مَرْيَمُ ....

3. يَكْتُبُ - الطَّالِبُ - الدَّرْسَ ....

4. الثَّلَّاجَةُ - الْمَطْبَخِ - فِي ....

5. الْمُعَلِّمُ - السَّبُّورَةِ - أَمَامَ ....

Exercise 3: Writing

التَّدْرِيبُ الثَّالِثُ: الْكِتَابَةُ

مَطْبَخٌ

خُبْزٌ وَتَمْرٌ

ثَلَّاجَةٌ

حَلِيبٌ وَمَاءٌ

يَأْكُلُ

تَشْرَبُ

زَيْدٌ يَأْكُلُ التَّمَرَ.

Lesson 6: In the garden   اَلدَّرْسُ السَّادِسُ: فِي الْحَدِيقَةِ

حَدِيقَةٌ - شَجَرَةٌ - وَرْدَةٌ - دَرَّاجَةٌ - كُرَةٌ - طَائِرَةٌ

صَغِيرٌ - كَبِيرٌ - فَوْقَ - تَحْتَ - جَنْبَ - أَيْنَ

Exercise 1: Reading   التَّدْرِيبُ الأَوَّلُ: اَلْقِرَاءَةُ

This is Sa'eed's house.	هَذَا بَيْتُ سَعِيدٍ.
Behind the house is a garden.	خَلْفَ الْبَيْتِ حَدِيقَةٌ.
In the garden is a tree.	فِي الْحَدِيقَةِ شَجَرَةٌ.
The tree is big.	اَلشَّجَرَةُ كَبِيرَةٌ.
And in the garden is a flower.	وَفِي الْحَدِيقَةِ وَرْدَةٌ.
The flower is small.	اَلْوَرْدَةُ صَغِيرَةٌ.
And in the garden is a ball.	وَفِي الْحَدِيقَةِ كُرَةٌ.
Next to the tree is a bicycle.	جَنْبَ الشَّجَرَةِ دَرَّاجَةٌ.
Where is the mushaf?	أَيْنَ الْمُصْحَفُ؟
The mushaf is in front of the student.	اَلْمُصْحَفُ أَمَامَ الطَّالِبِ.

Prepositions: above – on – under – next to.

The notebook is on the desk.	اَلدَّفْتَرُ فَوْقَ ٱلمكْتَبِ.
The plane is above the house.	اَلطَّائِرَةُ فَوْقَ الْبَيْتِ.
The ball is under the car.	اَلْكُرَةُ تَحْتَ السَّيَّارَةِ.
The pen is under the chair.	اَلْقَلَمُ تَحْتَ الْكُرْسِيِّ.
The bag is next to the chair.	اَلْحَقِيبَةُ جَنْبَ الْكُرْسِيِّ.
The tree is next to the mosque.	اَلشَّجَرَةُ جَنْبَ الْمَسْجِدِ.

Exercise 2: Understanding   التَّدْريبُ الثّانِي: الْفَهْم

3. Put the words in the correct sentence.

فِي - عَلَى - فَوْقَ - تَحْتَ - أَمَامَ - خَلْفَ - جَنْبَ

اَلْكُرَةُ .... الْكُرْسِيِّ.

اَلْحَقِيبَةُ .... الْحَاسُوبِ.

اَلْكِتَابُ .... النَّافِذَةِ.

اَلْخُبْزُ .... الْمَكْتَبِ.

اَلثَّلَّاجَةُ .... الْمَطْبَخِ.

اَلنَّافِذَةُ .... الْبَابِ.

اَلسَّيَّارَةُ .... الطَّرِيقِ.

4.   Write the correct word on the dotted line.

هَذَا ....   مَا هَذَا؟

هَذَا ....   مَا هَذَا؟

هَذَا ....   مَا هَذَا؟

هَذِهِ ....   مَا هَذِهِ؟

هَذِهِ ....   مَا هَذِهِ؟

هَذِهِ ....   مَا هَذِهِ؟

Exercise 3: Writing

التَّدْرِيبُ الثَّالِثُ: الْكِتَابَةُ

حَدِيقَةٌ

شَجَرَةٌ

وَرْدَةٌ

كُرَةٌ

دَرَّاجَةٌ

طَائِرَةٌ

الطَّائِرَةُ فَوْقَ الْبَيْتِ.

Unit 3

اَلْوَحْدَةُ 3 – الْفَاكِهَةُ وَالْأَعْدَادُ

Unit 3 –Fruit & numbers

Wat will we learn:

- 35 new words.
- How to use all new words in sentences.
- When to pronounce the 'laam'.
- The numbers from 1 to 12.
- Adjectives, masculine and feminine.
- Plural and singular kinds of fruit.
- Making a question with "how many...?"
- Making a question with "what is...?" (other word)

Let's get started!

Lesson 7: Fruit

اَلدَّرْسُ السَّابِعُ: الْفَاكِهَةُ

طَاوِلَةٌ - تُفَّاحَةٌ - بُرْتُقَالَةٌ - مَوْزَةٌ - فَاكِهَةٌ - لَذِيذٌ

يُحِبُّ - يَجْلِسُ - مَاذَا

Exercise 1: Reading

التَّدْرِيبُ الأَوَّلُ: اَلْقِرَاءَةُ

In the kitchen is a table.	فِي الْمَطْبَخِ طَاوِلَةٌ.
On the table are an apple and an orange.	عَلَى الطَّاوِلَةِ تُفَّاحَةٌ وَبُرْتُقَالَةٌ.
And on the table is a banana.	وَعَلَى الطَّاوِلَةِ مَوْزَةٌ.
Zayd eats the banana.	زَيْدٌ يَأْكُلُ الْمَوْزَةَ.
The banana is delicious.	اَلْمَوْزَةُ لَذِيذَةٌ.
Halima eats the orange.	حَلِيمَةُ تَأْكُلُ الْبُرْتُقَالَةَ.
The orange is delicious.	الْبُرْتُقَالَةُ لَذِيذَةٌ.
This is fruit. The fruit is delicious.	هَذِهِ فَاكِهَةٌ. اَلْفَاكِهَةُ لَذِيذَةٌ.
Zayd sits on the chair.	زَيْدٌ يَجْلِسُ عَلَى الْكُرْسِيِّ.
And Halima sits in the kitchen.	حَلِيمَةُ تَجْلِسُ فِي الْمَطْبَخِ.

Mohammed loves the fruit.	مُحَمَّدٌ يُحِبُّ الْفَاكِهَةَ.
Maryam loves the fruit.	مَرْيَمُ تُحِبُّ الْفَاكِهَةَ.

Exercise 2: Understanding   التَّدْرِيبُ الثّانِي: الْفَهْم

1. Finish the sentence by yourself, so that it fits with the picture.

.... أَيْنَ الطَّاوِلَةُ؟   الطَّاوِلَةُ فِي

.... أَيْنَ الْكِتَابُ؟   اَلْكِتَابُ فِي

.... أَيْنَ الطَّائِرَةُ؟   اَلطَّائِرَةُ فَوْقَ

.... أَيْنَ التَّمْرُ؟   اَلتَّمْرُ عَلَى

2. Finish the sentence with the correct word.

التَّمْرَ - وَرْدَةٌ - الْمَاءَ - دَرَّاجَةٌ - خُبْزٌ

1. مَاذَا فِي الْمَطْبَخِ؟   فِي الْمَطْبَخِ ....

2. مَاذَا فِي الْحَدِيقَةِ؟   فِي الْحَدِيقَةِ ....

3. مَاذَا جَنْبَ السَّيَّارَةِ؟   جَنْبَ السَّيَّارَةِ ....

4. مَاذَا يَأْكُلُ زَيْدٌ؟   زَيْدٌ يَأْكُلُ ....

5. مَاذَا تَشْرَبُ حَلِيمَةُ؟   حَلِيمَةُ تَشْرَبُ ....

3. Draw a line between the words to form a correct sentence.

Tip: Pay attention to the first letter of the verbs: is it masculine or feminine?

مَرْيَمُ	تَأْكُلُ	عَلَى الْكُرْسِيِّ.
زَيْدٌ	تُحِبُّ	الْكِتَابَ.
مُحَمَّدٌ	يَجْلِسُ	فِي الْفَصْلِ.
اَلطَّالِبُ	يَدْرُسُ	الْبُرْتُقَالَةَ.
حَلِيمَةُ	يَقْرَأُ	الْفَاكِهَةَ.

Exercise 3: Writing   التَّدْرِيبُ الثَّالِثُ: الْكِتَابَةُ

طَاوِلَةٌ

تُفَّاحَةٌ

بُرْتُقَالَةٌ

مَوْزَةٌ

فَاكِهَةٌ

لَذِيذَةٌ

مُحَمَّدٌ يُحِبُّ الْفَاكِهَةَ.

Lesson 8: Fruit/numbers   اَلدَّرْسُ الثَّامِنُ: الْفَاكِهَةُ وَالْأَعْدَاد

خَوْخٌ - إِجَّاصٌ - طَبَقٌ - كَأْسٌ - وَاحِدٌ - اثْنَانِ

ثَلَاثَةٌ - أَرْبَعَةٌ - خَمْسَةٌ - سِتَّةٌ

Exercise 1: Reading   التَّدْرِيبُ الأَوَّلُ: اَلْقِرَاءَةُ

This is a plate.	هَذَا طَبَقٌ.
This is a large plate.	هَذَا طَبَقٌ كَبِيرٌ.
And this is a small plate.	وَهَذَا طَبَقٌ صَغِيرٌ.
This is a peach.	هَذِهِ خَوْخَةٌ.
And this is a pear.	وَهَذِهِ إِجَّاصَةٌ.
The peach is on the large plate.	اَلْخَوْخَةُ عَلَى الطَّبَقِ الْكَبِيرِ.
The pear is on the small plate.	اَلْإِجَّاصَةُ عَلَى الطَّبَقِ الصَّغِيرِ.
What is on the plate?	مَاذَا عَلَى الطَّبَقِ؟
On the plate is an apple.	عَلَى الطَّبَقِ تُفَّاحَةٌ.
Maryam eats the apple.	مَرْيَمُ تَأْكُلُ التُّفَّاحَةَ.
Is the apple delicious?	هَلِ التُّفَّاحَةُ لَذِيذَةٌ؟

Yes, the apple is delicious!	نَعَمْ، التُّفَّاحَةُ لَذِيذَةٌ!
This is a glass.	هَذَا كَأْسٌ.
In the glass is milk.	فِي الْكَأْسِ حَلِيبٌ.
Muhammad drinks the milk.	مُحَمَّدٌ يَشْرَبُ الْحَلِيبَ.
Is the milk delicious?	هَلِ الْحَلِيبُ لَذِيذٌ؟
Yes, the milk is delicious!	نَعَمْ، الْحَلِيبُ لَذِيذٌ!

Exercise 2: Understanding   التَّدْرِيبُ الثّانِي: الْفَهْم

1. Write the correct number, in letters, on the line.

كَمْ تُفَّاحَةً عَلَى الطَّاوِلَةِ؟ ....

كَمْ نَافِذَةً فِي الْبَيْتِ؟ ....

كَمْ مَوْزَةً فِي السَّلَّةِ؟ ....

كَمْ طَبَقًا عَلَى الطَّاوِلَةِ؟ ....

---

2. Write 'yes' (نَعَمْ) or 'no' (لا), and write the correct answer where needed.

هَلْ هَذِهِ إِجَّاصَةٌ؟ ....

هَلْ هَذِهِ وَرْدَةٌ؟ ....

هَلْ هَذَا طَبَقٌ؟ ....

هَلْ هَذَا تُوتٌ؟ ....

هَلْ فِي الْكَأْسِ حَلِيبٌ؟ ....

هَلْ أَمَامَ الْبَيْتِ شَجَرَةٌ؟ ....

Exercise 3: Writing

التَّدْرِيبُ الثَّالِثُ: الْكِتَابَةُ

طَبَقٌ

خَوْخَةٌ

إِجَّاصَةٌ

كَأْسٌ

وَاحِدٌ   اِثْنَانِ   ثَلَاثَةٌ

أَرْبَعَةٌ   خَمْسَةٌ   سِتَّةٌ

الْخُبْزُ عَلَى الطَّاوِلَةِ.

Lesson 9: Fruit/numbers   اَلدَّرْسُ التّاسِعُ: الْفَاكِهَةُ وَالأَعْدَادُ

> سَبْعَةٌ - ثَمَانِيَةٌ - تِسْعَةٌ - عَشَرَةٌ - أَحَدَ عَشَرَ - اِثْنَا عَشَرَ
>
> عِنَبٌ - تُوتٌ - رُمَّانٌ - سَلَّةٌ - جَمِيلٌ - صَغِيرٌ/ة

Exercise 1: Reading   التَّدْرِيبُ الأَوَّلُ: اَلْقِرَاءَةُ

These are grapes.	هَذَا عِنَبٌ.
The grapes are in the garden.	اَلْعِنَبُ فِي الْحَدِيقَةِ.
And these are raspberries.	وَهَذَا تُوتٌ.
The raspberries are in the garden.	اَلتُّوتُ فِي الْحَدِيقَةِ.
Maryam loves raspberries. Raspberries are delicious.	مَرْيَمُ تُحِبُّ التُّوتَ. اَلتُّوتُ لَذِيذٌ.
What is this, Maryam?	مَا هَذَا يَا مَرْيَمُ؟
These are pomegranates. These are big pomegranates.	هَذَا رُمَّانٌ. هَذَا رُمَّانٌ كَبِيرٌ.
And what is this, Maryam?	وَمَا هَذَا يَا مَرْيَمُ؟
This is a basket.	هَذِهِ سَلَّةٌ.
What is in the basket?	مَاذَا فِي السَّلَّةِ؟

www.aliftoarabic.com

In the basket is fruit.	فِي السَّلَّةِ فَاكِهَةٌ.
These are apples. And these are bananas.	هَذَا تُفَّاحٌ. وَهَذَا مَوْزٌ.
And these are oranges. And these are grapes.	وَهَذَا بُرْتُقَالٌ. وَهَذَا عِنَبٌ.
Ma sha Allah!	مَا شَاءَ اللهُ.

Adjectives

This is a small house.	هَذَا بَيْتٌ صَغِيرٌ.
And this is a big house.	وَهَذَا بَيْتٌ كَبِيرٌ.
This is a small boy.	هَذَا وَلَدٌ صَغِيرٌ.
And this is a big boy.	وَهَذَا وَلَدٌ كَبِيرٌ.
This is a small bicycle.	هَذِهِ دَرَّاجَةٌ صَغِيرَةٌ.
And this is a big bicycle.	وَهَذِهِ دَرَّاجَةٌ كَبِيرَةٌ.
This is a small girl.	هَذِهِ بِنْتٌ صَغِيرَةٌ.
And this is a big girl.	وَهَذِهِ بِنْتٌ كَبِيرَةٌ.
This is a beautiful house.	هَذَا بَيْتٌ جَمِيلٌ.
This is a beautiful notebook.	هَذَا دَفْتَرٌ جَمِيلٌ.

This is a beautiful rose/flower.	هَذِهِ وَرْدَةٌ جَمِيلَةٌ
This is a beautiful bag.	هَذِهِ حَقِيبَةٌ جَمِيلَةٌ

Exercise 2: Understanding — التَّدْرِيبُ الثَّانِي: الْفَهْم

1. Draw a line under the correct answer.

فَاكِهَةٌ – تَمْرٌ – خُبْزٌ   مَاذَا فِي السَّلَّةِ؟

حَقِيبَةٌ - حَاسُوبٌ - دَفْتَرٌ   مَاذَا عَلَى الطَّاوِلَةِ؟

خَوْخٌ – عِنَبٌ – تُفَّاحٌ   مَاذَا فِي الْحَقِيبَةِ؟

مَاءٌ – حَلِيبٌ – تُوتٌ   مَاذَا فِي الْكَأْسِ؟

2. Write 'yes' (نَعَم) or 'no' (لا), and write the correct answer where needed.

5. هَلِ النَّافِذَةُ كَبِيرَةٌ؟

....

6. هَلِ الْبَيْتُ جَمِيلٌ؟

....

7. هَلِ السَّيَّارَةُ أَمَامَ الْبَيْتِ؟

....

8. هَلِ الْمُصْحَفُ عَلَى الْمَكْتَبِ؟

....

التَّدْرِيبُ الثَّالِثُ: الْكِتَابَةُ
Exercise 3: Writing

عِنَبٌ

توتٌ

رُمَّانٌ

سَلَّةٌ

سَبْعَةٌ	ثَمَانِيَةٌ	تِسْعَةٌ

عَشَرَةٌ	أَحَدَ عَشَرَ	اِثْنَا عَشَرَ

هَذَا تُفَّاحٌ، وَهَذَا مَوْزٌ.

Unit 4

اَلْوَحْدَةُ 4 – الثِّيَابُ وَالأَلْوَانُ

Unit 4 – Clothing & Colors

Wat will we learn:

- 30 new words.
- How to use all new words in sentences.
- Different kinds of clothing.
- 10 colors.
- The words my, your, his, her.
- The word "by."
- Making a sentence with "I have…"
- Making a question with "what is the color of…?"

Let's get started!

Lesson 10: the wardrobe   اَلدَّرْسُ الْعَاشِرُ: الْخِزَانَةُ

خِزَانَةٌ - ثِيَابٌ - فُسْتَانٌ - قَمِيصٌ - سِرْوَالٌ

أَزْرَقُ - أَخْضَرُ - أَحْمَرُ - عِنْدَ

Exercise 1: Reading   التَّدْرِيبُ الأَوَّلُ: اَلْقِرَاءَةُ

This is a wardrobe.	هَذِهِ خِزَانَةٌ.
The wardrobe is big.	اَلْخِزَانَةُ كَبِيرَةٌ.
What is in the wardrobe?	مَاذَا فِي الْخِزَانَةِ؟
In the wardrobe are clothes.	فِي الْخِزَانَةِ ثِيَابٌ.
Are the clothes beautiful?	هَلِ الثِّيَابُ جَمِيلَةٌ؟
Yes. The clothes are beautiful.	نَعَمْ. الثِّيَابُ جَمِيلَةٌ.
To whom do the clothes belong?	لِمَنِ الثِّيَابُ؟
The clothes are Mohammed's. And the clothes are Maryam's.	اَلثِّيَابُ لِمُحَمَّدٍ. وَالثِّيَابُ لِمَرْيَمَ.
This is a dress. This is a red dress.	هَذَا فُسْتَانٌ. هَذَا فُسْتَانٌ أَحْمَرُ.
This is a qamis. This is a blue qamis.	هَذَا قَمِيصٌ. هَذَا قَمِيصٌ أَزْرَقُ.

| These are trousers. These are green trousers. | هَذَا سِرْوَالٌ. هَذَا سِرْوَالٌ أَخْضَرُ. |

The word 'My'

This is a book. This is my book.	هَذَا كِتَابٌ. هَذَا كِتَابِي.
This is a pen. This is my pen.	هَذَا قَلَمٌ. هَذَا قَلَمِي.
This is a house. This is my house.	هَذَا بَيْتٌ. هَذَا بَيْتِي.
This is a table. This is my table.	هَذِهِ طَاوِلَةٌ. هَذِهِ طَاوِلَتِي.
This is a car. This is my car.	هَذِهِ سَيَّارَةٌ. هَذِهِ سَيَّارَتِي.
This is an orange. This is my orange.	هَذِهِ بُرْتُقَالَةٌ. هَذِهِ بُرْتُقَالَتِي.

The word 'with or near' and 'I have'   عِنْدِي

The book is with Muhammad.	اَلْكِتَابُ عِنْدَ مُحَمَّدٍ.
The notebook is with Maryam.	اَلدَّفْتَرُ عِنْدَ مَرْيَمَ.
The car is near the mosque.	اَلسَّيَّارَةُ عِنْدَ الْمَسْجِدِ.
I have a red pen.	عِنْدِي قَلَمٌ أَحْمَرُ.
I have a blue book.	عِنْدِي كِتَابٌ أَزْرَقُ.
I have a green notebook.	عِنْدِي دَفْتَرٌ أَخْضَرُ.

Exercise 2: Understanding   التَّدْرِيبُ الثَّانِي: الْفَهْم

1. Write the word with the addition of 'my' on the dotted line.
Write the translation beside it.

This is my desk.	هَذَا مَكْتَبِي.	هَذَا مَكْتَبٌ.
....	....	هَذَا دَفْتَرٌ.
....	....	هَذَا قَلَمٌ.
....	....	هَذَا فَصْلٌ.
This is my bag.	هَذِهِ حَقِيبَتِي.	هَذِهِ حَقِيبَةٌ.
....	....	هَذِهِ مُعَلِّمَةٌ.
....	....	هَذِهِ دَرَّاجَةٌ.
....	....	هَذِهِ شَجَرَةٌ.

2. Write the fitting word in the sentence.

الْمَطْبَخِ - الْفَصْلِ - الْكَأْسِ - الْكُرْسِيِّ - الشَّجَرَةِ

أَيْنَ الْمُعَلِّمَةُ؟	اَلْمُعَلِّمَةُ فِي ....
أَيْنَ الْحِذَاءُ؟	الْحِذَاءُ تَحْتَ ....
أَيْنَ الْمَاءُ؟	الْمَاءُ فِي ....
أَيْنَ الثَّلَّاجَةُ؟	الثَّلَّاجَةُ فِي ....
أَيْنَ السَّيَّارَةُ؟	السَّيَّارَةُ جَنْبَ ....

Exercise 3: Writing

التَّدْرِيبُ الثَّالِثُ: الْكِتَابَةُ

خِزَانَةٌ

ثِيَابٌ

فُسْتَانٌ

قَمِيصٌ

سِرْوَالٌ

أَحْمَرُ   أَزْرَقُ   أَخْضَرُ

عِنْدِي دَفْتَرٌ أَخْضَرُ.

Lesson 11: Where is...? — اَلدَّرْسُ الْحَادِي عَشَرَ: أَيْنَ...؟

حِذَاءٌ - جَوْرَبٌ - حِجَابٌ - أَصْفَر - أَبْيَض - أَسْوَد

Exercise 1: Reading — اَلتَّدْرِيبُ الْأَوَّلُ: اَلْقِرَاءَةُ

Where is my qamis, Layla?	أَيْنَ قَمِيصِي يَا لَيْلَى؟
Your qamis is in the basket.	قَمِيصُكَ فِي السَّلَّةِ.
And where is the basket?	وَأَيْنَ السَّلَّةُ؟
The basket is in the garden.	السَّلَّةُ فِي الْحَدِيقَةِ.
Where is my book, Mohammed?	أَيْنَ كِتَابِي يَا مُحَمَّدُ؟
Your book is in the bag.	كِتَابُكَ فِي الْحَقِيبَةِ.
And where is the bag?	وَأَيْنَ الْحَقِيبَةُ؟
The bag is behind the door.	اَلْحَقِيبَةُ خَلْفَ الْبَابِ.
Where is my bicycle, Maryam?	أَيْنَ دَرَّاجَتِي يَا مَرْيَمُ؟
Your bicycle is behind the house.	دَرَّاجَتُكَ خَلْفَ الْبَيْتِ.
It is near the tree.	هِيَ عِنْدَ الشَّجَرَةِ.

Colors (part 2)

الْأَلْوَانُ (تَتِمَّةٌ)

This is a headscarf.	هَذَا حِجَابٌ.
This is a black headscarf.	هَذَا حِجَابٌ أَسْوَدُ.
This is (a pair of) shoes.	هَذَا حِذَاءٌ.
These are yellow shoes.	هَذَا حِذَاءٌ أَصْفَرُ.
This is a sock.	هَذَا جَوْرَبٌ.
This is a white sock.	هَذَا جَوْرَبٌ أَبْيَضُ.

The words 'my' and 'your'

هَذَا كِتَابِي. هَذَا كِتَابُكَ. هَذَا كِتَابُكِ.
This is my book. This is your (m.) book. This is your (f.) book.
هَذَا قَلَمِي. هَذَا قَلَمُكَ. هَذَا قَلَمُكِ.
This is my pen. This is your (m.) pen. This is your (f.) pen.
هَذِهِ حَقِيبَتِي. هَذِهِ حَقِيبَتُكَ. هَذِهِ حَقِيبَتُكِ.
This is my bag. This is your (m.) bag. This is your (f.) bag.

Exercise 2: Understanding — التَّدْرِيبُ الثَّانِي: الْفَهْم

2. Write the right color on the dotted line.

مَا لَوْنُ الْحَقِيبَةِ؟ أَصْفَرُ.

مَا لَوْنُ الْكِتَابِ؟ ....

مَا لَوْنُ السَّيَّارَةِ؟ ....

مَا لَوْنُ الشَّجَرَةِ؟ ....

مَا لَوْنُ الْوَرْدَةِ؟ ....

مَا لَوْنُ الْقَلَمِ؟ ....

3. Number the words in the right order to form a correct sentence, and write the translation on the dotted line.

عَلَى - تَجْلِسُ - مَرْيَمُ - الْكُرْسِيُّ

....

مُحَمَّدٌ - اللُّغَةَ - يَدْرُسُ - الْعَرَبِيَّةَ

....

الدَّفْتَرِ - يَكْتُبُ - يُوسُفُ - فِي

....

تَقْرَأُ - الْكِتَابَ - حَلِيمَةُ

....

4. Draw a line under the word that fits in the sentence.

حَلِيمَةُ تَشْرَبُ   الْحَلِيبَ - الْمَاءَ - الْخُبْزَ

مَرْيَمُ تَأْكُلُ   الْخَوْخَ - الْإِجَّاصَ - التُّفَّاحَ

زَيْدٌ يَكْتُبُ   الدَّرْسَ - الْقَلَمَ - الدَّفْتَرَ

مُحَمَّدٌ يَقْرَأُ   الْفَاكِهَةَ - الطَّبَقَ - الْكِتَابَ.

Exercise 3: Writing

التَّدْرِيبُ الثَّالِثُ: الْكِتَابَةُ

حِجَابٌ

حِذَاءٌ

جَوْرَبٌ

أَصْفَرُ

أَبْيَضُ

أَسْوَدُ

لَوْنُ الْحَلِيبِ أَبْيَضُ.

Lesson 12: Whose is this? — اَلدَّرْسُ الثَّانِي عَشَرَ: لِمَنْ هَذَا؟

سَاعَةٌ - جَوَّالٌ - زَهْرَةٌ - صُنْدُوقٌ - وَرْدِيٌّ

بُنِّيٌّ - بَنَفْسَجِيٌّ – بُرْتُقَالِيٌّ

Exercise 1: Reading — اَلتَّدْرِيبُ الأَوَّلُ: اَلْقِرَاءَةُ

This is a box.	هَذَا صُنْدُوقٌ.
The color of the box is brown.	لَوْنُ الصُّنْدُوقِ بُنِّيٌّ.
This is a cell phone.	هَذَا جَوَّالٌ.
The color of the cell phone is pink.	لَوْنُ الْجَوَّالِ وَرْدِيٌّ.
This is a flower.	هَذِهِ زَهْرَةٌ.
The color of the flower is purple.	لَوْنُ الزَّهْرَةِ بَنَفْسَجِيٌّ.
This is a watch/clock.	هَذِهِ سَاعَةٌ.
The color of the watch is orange.	لَوْنُ السَّاعَةِ بُرْتُقَالِيٌّ.
This mushaf is Zayd's.	هَذَا الْمُصْحَفُ لِزَيْدٍ.
These shoes are Halima's.	هَذَا الْحِذَاءُ لِحَلِيمَةَ.

This banana is Maryam's.	هَذِهِ الْمَوْزَةُ لِمَرْيَمَ.
Is this phone yours?	هَلْ هَذَا الْجَوَّالُ لَكَ؟
Yes, it is mine. It is my phone.	نَعَمْ. هُوَ لِي. هُوَ جَوَّالِي.
Is this watch yours?	هَلْ هَذِهِ السَّاعَةُ لَكِ؟
No, it is Maryam's. It is her watch.	لَا. هِيَ لِمَرْيَمَ. هِيَ سَاعَتُهَا.

The words 'his' and 'her'.

هَذَا دَفْتَرٌ. هَذَا دَفْتَرُهُ. هَذَا دَفْتَرُهَا.
This is a notebook. This is his notebook. This is her notebook.
هَذَا حَاسُوبٌ. هَذَا حَاسُوبُهُ. هَذَا حَاسُوبُهَا.
This is a computer. This is his computer. This is her computer.
هَذِهِ دَرَّاجَةٌ. هَذِهِ دَرَّاجَتُهُ. هَذِهِ دَرَّاجَتُهَا.
This is a bicycle. This is his bicycle. This is her bicycle.
هَذِهِ تُفَّاحَةٌ. هَذِهِ تُفَّاحَتُهُ. هَذِهِ تُفَّاحَتُهَا.
This is an apple. This is his apple. This is her apple.

Exercise 2: Understanding   التَّدْرِيبُ الثَّانِي: الْفَهْمُ

9. Read the example and do the same with the other sentences.

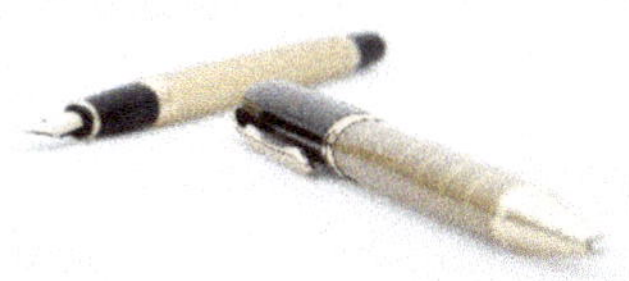

هَذَا قَلَمُ مَرْيَمَ.   هَذَا قَلَمُهَا.

هَذَا بَيْتُ سَعِيدٍ. ....

هَذِهِ سَيَّارَةُ الْأَبِ. ....

هَذِهِ كُرَةُ مُحَمَّدٍ. ....

هَذَا جَوَّالُ زَيْدٍ. ....

10. Read the dialogues and finish with the correct word.

كَرِيمٌ: هَلْ هَذِهِ دَرَّاجَتُكَ يَا مُحَمَّدُ؟

مُحَمَّدٌ: نَعَمْ. هَذِهِ ....

مَرْيَمُ: هَلْ هَذَا فُسْتَانِي يَا أُمِّي؟

الأُمُّ: نَعَمْ. هَذَا........................

مُحَمَّدٌ: هَلْ هَذِهِ تُفَّاحَتِي يَا مَرْيَمُ؟

مَرْيَمُ: نَعَمْ. هَذِهِ........................

3. Choose the fitting word and write it on the dotted line.

وَرْدَةٌ - كَأْسٌ - ثِيَابٌ - دَرَّاجَةٌ - حَدِيقَةٌ

مَاذَا فِي الصُّنْدُوقِ؟ ....

مَاذَا أَمَامَ الْمَسْجِدِ؟ ....

مَاذَا فَوْقَ الدَّفْتَرِ؟ ....

مَاذَا عَلَى الطَّرِيقِ؟ ....

مَاذَا فَوْقَ الطَّاوِلَةِ؟ ....

Exercise 3: Writing

التَّدْرِيبُ الثَّالِثُ: الْكِتَابَةُ

صُنْدُوقٌ

....

جَوَّالٌ

....

زَهْرَةٌ

....

سَاعَةٌ

....

بُنَيَّ

....

بُرْتُقَالِيٌّ   بَنَفْسَجِيٌّ   وَرْدِيٌّ

....

هَذِهِ السَّيَّارَةُ لَكَ.

....

Unit 5

اَلْوَحَدَةُ 5 – التَّعَارُفُ

Unit 5 – making acquaintance

Wat will we learn:

- 26 new words.
- How to use all new words in sentences and dialogues.
- Rule 'this' and 'that', masculine and feminine.
- Rule 'here' and 'there'.
- Revision of all the important subjects of the course.

Let's get started!

Lesson 13: Making acquaintance

اَلدَّرْسُ الثَّالِثَ عَشَرَ : التَّعَارُفُ

كَيْفَ - حَالُكَ - بِخَيْرٍ - اِسْم - عُمَر - أَهْلًا وَسَهْلًا
سَنَوَاتٌ - ذَلِكَ - تِلْكَ - سَلَامٌ - عَلَيْكُمْ

Dialogue 1 — الْحِوَارُ الْأَوَّلُ

Peace be upon you, my brother!	السَّلَامُ عَلَيْكُمْ يَا أَخِي!
And peace be upon you, and the Grace and Blessings of Allah.	وَعَلَيْكُمُ السَّلَامُ وَرَحْمَةُ اللهِ وَبَرَكَاتُهُ.
How are you?	كَيْفَ حَالُكَ؟
I am good, and all praise is due to Allah.	أَنَا بِخَيْرٍ وَالْحَمْدُ للهِ.
And you?	وَأَنْتَ؟
I am good, and all praise is due to Allah.	أَنَا بِخَيْرٍ وَالْحَمْدُ للهِ.
What is your name?	مَا اسْمُكَ؟
My name is Zayd.	اِسْمِي زَيْدٌ.
And you, what is your name?	وَأَنْتَ، مَا اسْمُكَ؟
My name is Yusuf.	اِسْمِي يُوسُفُ.

Welcome, nice to meet you.	أَهْلًا وَسَهْلًا.

Dialogue 2 — الْحِوَارُ الثَّانِي

Peace be upon you, my sister!	السَّلَامُ عَلَيْكُمْ يَا أُخْتِي!
And peace be upon you, and the Grace and Blessings of Allah.	وَعَلَيْكُمُ السَّلَامُ وَرَحْمَةُ اللهِ وَبَرَكَاتُهُ.
How are you?	كَيْفَ حَالُكِ؟
I am good, and all praise is due to Allah.	أَنَا بِخَيْرٍ وَالْحَمْدُ للهِ.
And you?	وَأَنْتِ؟
I am good, and all praise is due to Allah.	أَنَا بِخَيْرٍ وَالْحَمْدُ للهِ.
What is your name?	مَا اسْمُكِ؟
My name is Hafsa.	اِسْمِي حَفْصَةُ.
And you, what is your name?	وَأَنْتِ، مَا اسْمُكِ؟
My name is Halima.	اِسْمِي حَلِيمَةُ.
Welcome, nice to meet you.	أَهْلًا وَسَهْلًا.

Dialogue 3 — الْحِوَارُ الثَّالِثُ

How old are, you, Mohammed?	كَمْ عُمْرُكَ يَا مُحَمَّدُ؟
I am ten years old.	عُمْرِي عَشْرُ سَنَوَاتٍ.
And you, how old are you, Moesa?	وَأَنْتَ، كَمْ عُمْرُكَ يَا مُوسَى؟
I am nine years old.	عُمْرِي تِسْعُ سَنَوَاتٍ.
How old are you, Maryam?	كَمْ عُمْرُكِ يَا مَرْيَمُ؟
I am seven years old.	عُمْرِي سَبْعُ سَنَوَاتٍ.
And you, how old are you, Amina?	وَأَنْتِ، كَمْ عُمْرُكِ يَا أَمِينَةُ؟
I am nine years old.	عُمْرِي تِسْعُ سَنَوَاتٍ.

Exercise 2: Understanding — التَّدْريبُ الثّاني: الْفَهْم

1. write the correct number, in letters, on the dotted line.

كَمْ خُبْزَةً عَلَى الطَّاوِلَةِ؟ 7 ....

كَمْ كُرْسِيًّا فِي الْمَطْبَخِ؟ 8 ....

كَمْ كُرَةً فِي الْحَديقَةِ؟ 5 ....

كَمْ سَاعَةً فِي الصُّنْدُوقِ؟ 4 ....

كَمْ وَرْدَةً أَمَامَ النَّافِذَةِ؟ 6 ....

كَمْ كَأْسًا عَلَى الطَّاوِلَةِ؟ 12 ....

www.aliftoarabic.com

2. Finish the dialogue with the correct words.

حَقِيبَتُهُ - هَذَا - هَذِهِ - قَلَمِي.

اَلْمُعَلِّمُ: لِمَنْ .... الْقَلَمُ؟

كَرِيمٌ: هَذَا............... يَا مُعَلِّمُ!

اَلْمُعَلِّمُ: لِمَنْ هَذِهِ الْحَقِيبَةُ؟

كَرِيمٌ: .... الْحَقِيبَةُ لِمُحَمَّدٍ. هَذِهِ ....

3. Write the correct answer by looking at the picture.

 مَاذَا عِنْدَ الْبَيْتِ؟   عِنْدَ الْبَيْتِ...............

 مَاذَا عِنْدَ الْمَسْجِدِ؟   عِنْدَ الْمَسْجِدِ...............

 مَاذَا عِنْدَ الْخِزَانَةِ؟   عِنْدَ الْخِزَانَةِ...............

 مَاذَا عِنْدَ الثَّلَّاجَةِ؟   عِنْدَ الثَّلَّاجَةِ...............

 مَاذَا عِنْدَ النَّافِذَةِ؟   عِنْدَ النَّافِذَةِ...............

Exercise 3: Writing

التَّدْرِيبُ الثَّالِثُ: الْكِتَابَةُ

كَيْفَ حَالُكَ؟

أَنَا بِخَيْرٍ.

اَلْحَمْدُ لِلّٰهِ

مَا اسْمُكَ؟

أَهْلًا وَسَهْلًا.

كَمْ عُمْرُكَ؟

ذَلِكَ مَسْجِدٌ كَبِيرٌ.

Lesson 14: the family   اَلدَّرْسُ الرَّابِعُ عَشَرَ: الأُسْرَةُ

أُسْرَةٌ - أَبٌ - أُمٌّ - اِبْنٌ - اِبْنَةٌ - أَخٌ - أُخْتٌ
مَدْرَسَةٌ - جَامِعَةٌ - مَرْحَبًا - هُنَا – هُنَاكَ

Exercise 1: Reading   التَّدْرِيبُ الأَوَّلُ: اَلْقِرَاءَةُ

This is a father, and this is a son.	هَذَا أَبٌ، وَهَذَا اِبْنٌ.
This is a mother, and this is a daughter.	هَذِهِ أُمٌّ، وَهَذِهِ اِبْنَةٌ.
This is a brother, and this is a sister.	هَذَا أَخٌ، وَهَذِهِ أُخْتٌ.
This is a family.	هَذِهِ أُسْرَةٌ.

Story 1: Halima's family   القِصَّة 1: أُسْرَةُ حَلِيمَة

My name is Halima.	اِسْمِي حَلِيمَةُ.
I have a big brother.	لِي أَخٌ كَبِيرٌ.
And I have a little brother.	وَلِي أَخٌ صَغِيرٌ.
And I have one sister.	وَلِي أُخْتٌ وَاحِدَةٌ.
This is my little brother.	هَذَا أَخِي الصَّغِيرُ.
His name is Mohammed.	اِسْمُهُ مُحَمَّدٌ.

And that is my big brother.	وَذَلِكَ أَخِي الْكَبِيرُ.
His name is Zayd.	اِسْمُهُ زَيْدٌ.
This is my mother. Her name is Layla.	هَذِهِ أُمِّي. اِسْمُهَا لَيْلَى.
And this is my father. His name is Sa'eed.	وَهَذَا أَبِي. اِسْمُهُ سَعِيدٌ.
And this is my sister. Her name is Maryam.	وَهَذِهِ أُخْتِي. اِسْمُهَا مَرْيَمُ.

Story 2: Visiting Yusuf — الْقِصَّةُ 2: فِي بَيْتِ يُوسُفَ

Zayd is at Yusuf's house.	زَيْدٌ فِي بَيْتِ يُوسُفَ.
Welcome, Zayd!	مَرْحَبًا بِكَ يَا زَيْدُ.
Zayd: is this your son?	زَيْدٌ: هَلْ هَذَا ابْنُكَ؟
Yusuf: yes, he is my son.	يُوسُفُ: نَعَم. هُوَ ابْنِي.
His name is Abdullah.	اِسْمُهُ عَبْدُ اللهِ.
Zayd: How old is he?	زَيْدٌ: كَمْ عُمْرُهُ؟
Yusuf: He is three years old.	يُوسُفُ: عُمْرُهُ ثَلَاثُ سَنَوَاتٍ.
Zayd: And is this your daughter?	زَيْدٌ: وَهَلْ هَذِهِ ابْنَتُكَ؟
Yusuf: Yes, she is my daughter.	يُوسُفُ: نَعَم. هِيَ ابْنَتِي.

Her name is Zaynab.	اِسْمُهَا زَيْنَبُ.
Zayd: how old is she?	زَيْدٌ: كَمْ عُمْرُهَا؟
Yusuf: She is one year old.	يُوسُفُ: عُمْرُهَا سَنَةٌ وَاحِدَةٌ.

Story 3: Visiting Halima — القِصَّةُ 3: فِي بَيْتِ حَلِيمَةَ

Assia is at Halima's home.	آسِيَةُ فِي بَيْتِ حَلِيمَةَ.
Welcome, Assia!	مَرْحَبًا بِكِ يَا آسِيَةُ.
Assia: who is this?	آسِيَةُ: مَنْ هَذَا؟
Halima: this is my brother.	حَلِيمَةُ: هَذَا أَخِي.
His name is Mohammed.	اِسْمُهُ مُحَمَّدٌ.
He is a little/young student.	هُوَ طَالِبٌ صَغِيرٌ.
He is a student at school.	هُوَ طَالِبٌ فِي الْمَدْرَسَةِ.
Assia: Who is this?	آسِيَةُ: مَنْ هَذِهِ؟
Halima: this is my sister.	حَلِيمَةُ: هَذِهِ أُخْتِي.
Her name is Maryam.	اِسْمُهَا مَرْيَمُ.
She is a little/young student.	هِيَ طَالِبَةٌ صَغِيرَةٌ.
She is a student at school.	هِيَ طَالِبَةٌ فِي الْمَدْرَسَةِ.

Assia: is this your mother?	آسِيَةُ: هَلْ هَذِهِ أُمُّكِ؟
Halima: yes, she is my mother.	حَلِيمَةُ: نَعَمْ. هِيَ أُمِّي.
Assia: where is your father?	آسِيَةُ: أَيْنَ أَبُوكِ؟
Halima: My father is in the mosque.	حَلِيمَةُ: أَبِي فِي الْمَسْجِدِ.
Assia: whose computer is this?	آسِيَةُ: لِمَنْ هَذَا الْحَاسُوبُ؟
Halima: It is Zayd's. Zayd is my brother.	حَلِيمَةُ: هُوَ لِزَيْدٍ. زَيْدٌ أَخِي.
He is a big/old student.	هُوَ طَالِبٌ كَبِيرٌ.
He is a student at the university.	هُوَ طَالِبٌ فِي الْجَامِعَةِ.

Here and there — هُنَا وَهُنَاكَ

This is a box. The box is here.	هَذَا صُنْدُوقٌ. اَلصُّنْدُوقُ هُنَا.
That is a chair. The chair is there.	ذَلِكَ كُرْسِيٌّ. اَلْكُرْسِيُّ هُنَاكَ.
This is a schoolboard. The schoolboard is here.	هَذِهِ سَبُّورَةٌ. اَلسَّبُّورَةُ هُنَا.
That is a bicycle. The bicycle is there.	تِلْكَ دَرَّاجَةٌ. اَلدَّرَّاجَةُ هُنَاكَ.

التَّدْريبُ الثّاني: الْفَهْم   Exercise 2: Understanding

5. Finish the dialogue by choosing the right words.

اِسْمُكَ - بِخَيْرٍ - السَّلَامُ - حَالُكَ - عَلَيْكُمْ - أَنَا - مُحَمَّدٌ - اِسْمِي

١. السَّلَامُ ....

٢. وَعَلَيْكُمُ ....

٣. .... مَا؟

٤. اِسْمِي .... وَأَنْتَ، مَا اسْمُكَ؟

٥. .... كَرِيمٌ.

٦. .... كَيْفَ؟

٧. .... أَنَا. الحَمْدُ لله.

٨. وَأَنْتَ؟ .... بِخَيْرٍ والْحَمْدُ لله.

6. Finish the dialogue by choosing the right words.

عِنْدَ - أَخِي - الْمَدْرَسَةِ - طَالِبٌ - سَنَوَاتٍ.

1. هَلْ هَذَا أَخُوكَ؟ نَعَمْ. هَذَا ....

2. كَمْ عُمْرُهُ؟ عُمْرُهُ عَشْرُ ....

3. هَلْ هُوَ .... ؟

4. نَعَمْ. هُوَ طَالِبٌ فِي ....

5. أَيْنَ بَيْتُكَ يَا مُحَمَّدُ؟ بَيْتِي .... الْمَسْجِدِ.

7. Answer in a <u>complete</u> sentence by making use of the translations.

لِمَنْ هَذَا الْجَوَّالُ؟

Mine   ....

لِمَنْ هَذَا الْقَمِيصُ؟

Zayd's   ....

لِمَنْ هَذَا السِّرْوَالُ؟

My brother's   ....

هَلْ هَذِهِ الدَّرَّاجَةُ لَكَ؟

Yes, it is...   ....

هَلْ هَذَا الْمَكْتَبُ لِمُحَمَّدٍ؟

No...
Zayd's   ....

هَلْ هَذَا الْحِجَابُ لِلْأُمِّ؟

Yes, it is...   ....

Exercise 3: Writing — التَّدْرِيبُ الثَّالِثُ: الْكِتَابَةُ

أَبٌ وَابْنٌ

أُمٌّ وَابْنَةٌ

أَخٌ وَأُخْتٌ

أُسْرَةٌ

مَرْحَبًا

هَذِهِ مَكْتَبَةٌ.

زَيْدٌ طَالِبٌ فِي الْجَامِعَةِ

Lesson 3: Revision

اَلدَّرْسُ الثَّالِثُ: مُرَاجَعَة

The bicycle is in front of the car.	الَدَّرَّاجَةُ أَمَامَ السَّيَّارَةِ.
The tree is behind the window.	الشَّجَرَةُ خَلْفَ النَّافِذَةِ.
The shoes are under the chair.	الْحِذَاءُ تَحْتَ الْكُرْسِيِّ.
The clock is on the wardrobe.	السَّاعَةُ فَوْقَ الْخِزَانَةِ.
The cell phone is next to the flower.	الْجَوَّالُ جَنْبَ الزَّهْرَةِ.
The ball is near the door.	الْكُرَةُ عِنْدَ الْبَابِ.

Is this...

هَلْ هَذَا...

Is this your watch?	هَلْ هَذِهِ سَاعَتُكَ؟
Yes, this is my watch.	نَعَمْ، هَذِهِ سَاعَتِي.
Is this your dress?	هَلْ هَذَا فُسْتَانُكِ؟
No, this is my sister's dress.	لَا، هَذَا فُسْتَانُ أَخْتِي.
This is her dress.	هَذَا فُسْتَانُهَا.
Is this ball yours?	هَلْ هَذِهِ الْكُرَةُ لَكِ؟

Yes. This ball is mine.	نَعَمْ. هَذِهِ الْكُرَةُ لِي.
Are these shoes yours?	هَلْ هَذَا الْحِذَاءُ لَكَ؟
No, these shoes are my brother's.	لَا. هَذَا الْحِذَاءُ لِأَخِي.
These are his shoes.	هَذَا حِذَاؤُهُ.

Colors — الأَلْوَانُ

The color of the pomegranate is red.	لَوْنُ الرُّمَّانِ أَحْمَرُ.
The color of the pear is yellow.	لَوْنُ الْإِجَّاصِ أَصْفَرُ.
The color of the grapes is green.	لَوْنُ الْعِنَبِ أَخْضَرُ.
The color of the peach is orange.	لَوْنُ الْخَوْخِ بُرْتُقَالِيٌّ.
The color of the flower is pink.	لَوْنُ الزَّهْرَةِ وَرْدِيٌّ.
The color of the basket is blue.	لَوْنُ السَّلَّةِ أَزْرَقُ.
The color of the tree is brown.	لَوْنُ الشَّجَرَةِ بُنِّيٌّ.
The color of the rose is white.	لَوْنُ الْوَرْدَةِ أَبْيَضُ.
The color of the cell phone is black.	لَوْنُ الْجَوَّالِ أَسْوَدُ.
The color of the bicycle is purple.	لَوْنُ الدَّرَّاجَةِ بَنَفْسَجِيٌّ.

All verbs

كُلُّ الأفْعَالِ

Zayd studies at the university.	زَيْدٌ يَدْرُسُ فِي الْجَامِعَةِ.
Maryam studies at school.	مَرْيَمُ تَدْرُسُ فِي الْمَدْرَسَةِ.
Sa'ied reads the book.	سَعِيدٌ يَقْرَأُ الْكِتَابَ.
Layla reads the Qur'aan.	لَيْلَى تَقْرَأُ الْقُرْآنَ.
Mohammed writes in the notebook.	مُحَمَّدٌ يَكْتُبُ فِي الدَّفْتَرِ.
Halima writes on the computer.	حَلِيمَةُ تَكْتُبُ عَلَى الْحَاسُوبِ.
The boy sits on the chair.	اَلْوَلَدُ يَجْلِسُ عَلَى الْكُرْسِيِّ.
The girl sits in the garden.	اَلْبِنْتُ تَجْلِسُ فِي الْحَدِيقَةِ.
The mother eats the raspberries.	اَلْأُمُّ تَأْكُلُ التُّوتَ.
The father eats the banana.	اَلْأَبُ يَأْكُلُ الْمَوْزَةَ.
The brother drinks the milk.	اَلْأَخُ يَشْرَبُ الْحَلِيبَ.
The sister drinks the water.	اَلْأُخْتُ تَشْرَبُ الْمَاءَ.
The male student loves the Arabic language.	اَلطَّالِبُ يُحِبُّ اللُّغَةَ الْعَرَبِيَّةَ.
The female student loves the Arabic language.	اَلطَّالِبَةُ تُحِبُّ اللُّغَةَ الْعَرَبِيَّةَ.

Exercise 2: Understanding — التَّدْرِيبُ الثَّانِي: الْفَهْم

1. Answer the questions!

مَا لَوْنُ الْفُسْتَانِ؟ ....

مَا لَوْنُ الْقَمِيصِ؟ ....

مَا لَوْنُ الْجَوَّالِ؟ ....

مَا لَوْنُ الْمُصْحَفِ؟ ....

هَلْ لَوْنُ الْكِتَابِ أَصْفَرُ؟ ....

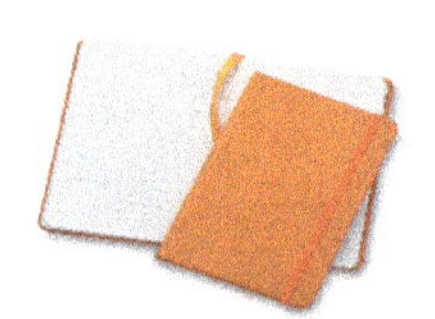

هَلْ لَوْنُ الدَّفْتَرِ بَنَفْسَجِيٌّ؟ ....

هَلْ لَوْنُ الصُّنْدُوقِ بُنِّيٌّ؟ ....

هَلْ لَوْنُ الْكُرْسِيِّ أَخْضَرُ؟ ....

2. Translate the sentences.

1. مَاذَا عَلَى الطَّاوِلَةِ؟ عَلَى الطَّاوِلَةِ كَأْسٌ وَطَبَقٌ وَخَوْخَةٌ.

....

2. مَاذَا فِي الْحَقِيبَةِ؟ فِي الْحَقِيبَةِ جَوَّالٌ وَدَفْتَرٌ وَقَلَمٌ.

....

3. مَاذَا أَمَامَ الْبَيْتِ؟ أَمَامَ الْبَيْتِ سَيَّارَةٌ وَدَرَّاجَةٌ وَشَجَرَةٌ.

....

4. مَاذَا فِي السَّلَّةِ؟ فِي السَّلَّةِ تُفَّاحٌ وَمَوْزٌ وَعِنَبٌ.

....

5. مَاذَا فِي الْفَصْلِ؟ فِي الْفَصْلِ نَافِذَةٌ وَمَكْتَبٌ وَمَكْتَبَةٌ.

....

Exercise 3: Writing   اَلتَّدْرِيبُ الثَّالِثُ: الْكِتَابَةُ

اَلسَّيَّارَةُ

اَلنَّافِذَةُ

اَلْحِذَاءُ

اَلشَّجَرَةُ

اَلْجَوَّالُ

اَلسَّاعَةُ

لَوْنُ الرُّمَّانِ أَحْمَرُ.

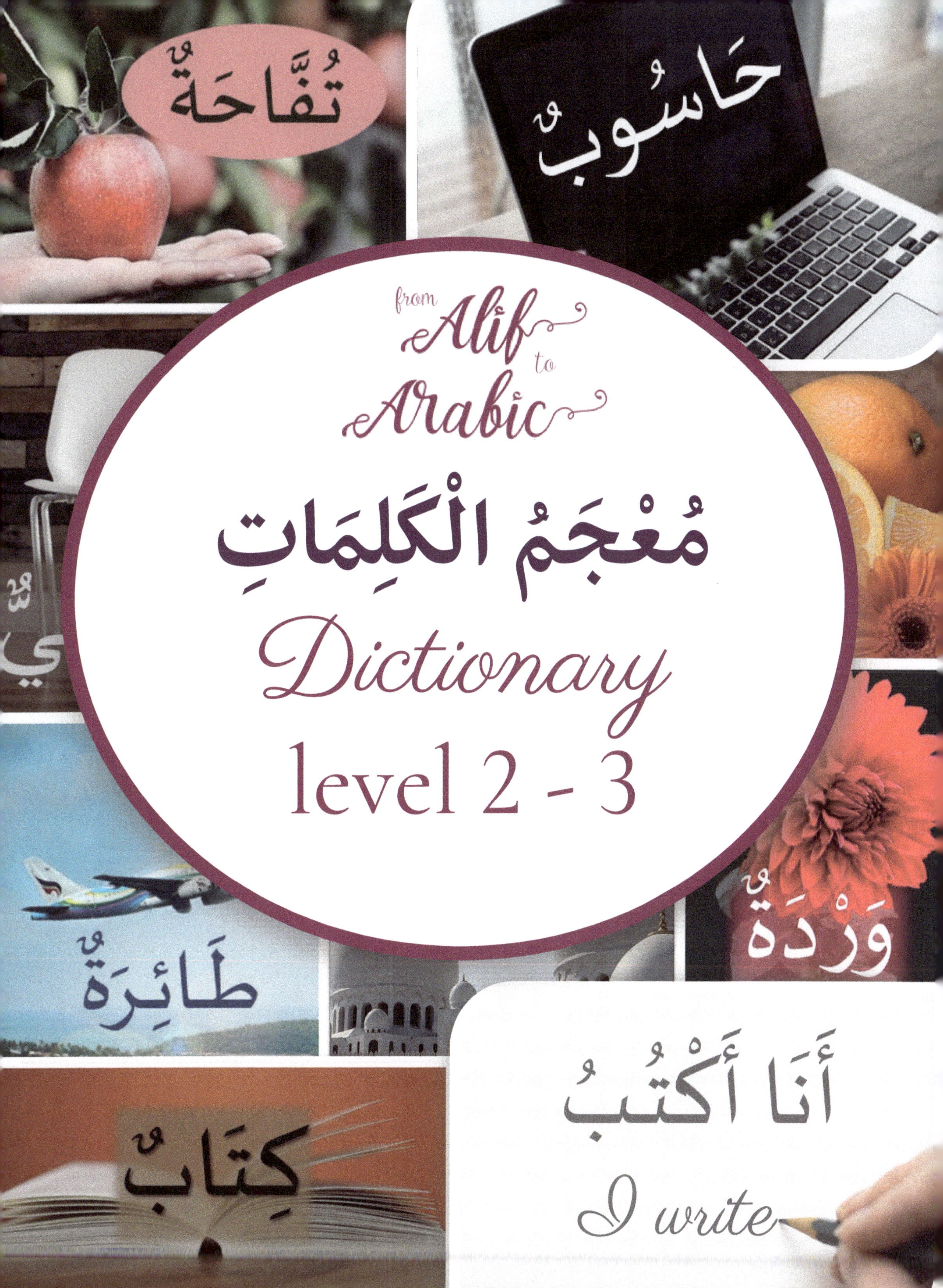

تُفَّاحَة
حَاسُوب
from Alif to Arabic
مُعْجَمُ الْكَلِمَاتِ
Dictionary
level 2 - 3
طَائِرَة
كِتَاب
وَرْدَة
أَنَا أَكْتُبُ
I write

A few tips for using this dictionary:

- In this dictionary you will find all words used in level 2 and 3 of the course.

- At the end of the dictionary you will find a few rows with special words: colours, days, directions, personal pronouns, and quesion words.

- You will find the verbs in present tense for 'he' as we learn it in level 2. For example: يَدْرُسُ means: he studies.
  So in this dictionary, all verbs begin with the letter ي .

- Read the pages of the dictionary from right to left!

- All words are mentioned without alif laam.
  Instead of searching for المكتب , try مكتب.

Father	أَبٌ
Jug, pitcher	إِبْرِيقٌ
Son	اِبْنٌ
Daughter	اِبْنَةٌ
White	أَبْيَضُ
Monday	الاِثْنَيْنِ
Pear (plural)	إِجَّاصٌ
Pear	إِجَّاصَةٌ
Sunday	الأَحَدُ
Red	أَحْمَرُ
Brother	أَخٌ
Sister	أُخْتٌ
Green	أَخْضَرُ
Adhan (first call to prayer)	أَذَانٌ
Rice	أَرُزٌّ
Wednesday	الأَرْبِعَاءُ
Sofa, settee	أَرِيكَةٌ
Blue	أَزْرَقُ

Family	أُسْرَةٌ
Name	اِسْمٌ
Black	أَسْوَدُ
Traffic light	إِشَارَةُ مُرُورٍ
Yellow	أَصْفَرُ
Iqamah (second call to prayer)	إِقَامَةٌ
Colouring pencils	أَقْلَامٌ مُلَوَّنَةٌ
To	إِلَى
Mother	أُمٌّ
Imam	إِمَامٌ
In front of, before	أَمَامَ
Yesterday	أَمْسِ
I	أَنَا
You (M. singular)	أَنْتَ
You (F. singular)	أَنْتِ
You (M. plural)	أَنْتُمْ
You (dual)	أَنْتُمَا
You (F. plural)	أَنْتُنَّ
Welcome	أَهْلًا وَسَهْلًا

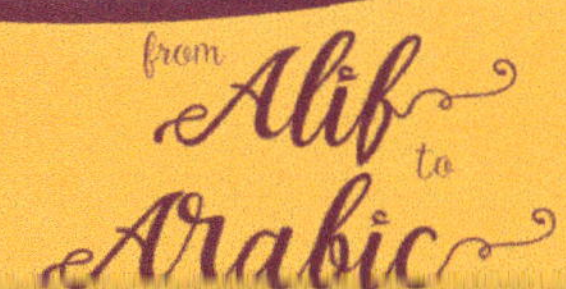

Where	أَيْنَ

ب

Door	بَابٌ
Fine (in answer to 'how are you?')	بِخَيْرٍ
Oranges	بُرْتُقَالٌ
Orange (fruit)	بُرْتُقَالَةٌ
Orange (colour)	بُرْتُقَالِيٌّ
Carpet	بِسَاطٌ
Onions	بَصَلٌ
Onion	بَصَلَةٌ
Potatoes	بَطَاطِسُ
After	بَعْدَ
Far	بَعِيدٌ
Purple	بَنَفْسَجِيٌّ
Brown	بُنِّيٌّ
House	بَيْتٌ
White (F.)	بَيْضَاءُ

ت

She prepares (verb)	تُجَهِّزُ
Under, below	تَحْتَ
Apples	تُفَّاحٌ
Apple	تُفَّاحَةٌ
She cuts (verb)	تَقْطَعُ
That (F.)	تِلْكَ
Dates	تَمْرٌ
Date (fruit)	تَمْرَةٌ
Raspberries	تُوتٌ
Raspberry	تُوتَةٌ

ث

Tuesday	الثُّلَاثَاءُ
Fridge	ثَلَّاجَةٌ

ج

New	جَدِيدٌ
Butcher	جَزَّارٌ
Carrots	جَزَرٌ
Friday	الْجُمُعَةُ

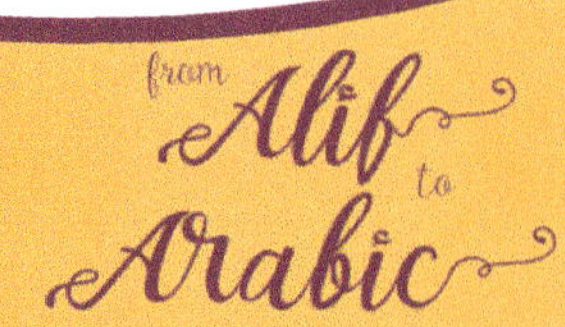

خ	
Bread	خُبْزٌ
Wardrobe	خِزَانَةٌ
Green (F.)	خَضْرَاءُ
Vegetables	خَضْرَوَاتٌ
Greengrocer	خَضَّارٌ
Behind	خَلْفَ
Thursday	الْخَمِيسُ
Peach	خَوْخٌ
د	
Chicken	دَجَاجٌ
Bike	دَرَّاجَةٌ
Notebook	دَفْتَرٌ
ذ	
That (M.)	ذَلِكَ

Mobile phone	جَوَّالٌ
Next to, beside	جَنْبَ
Sock	جَوْرَبٌ
ح	
Computer	حَاسُوبٌ
Bus	حَافِلَةٌ
Your state - how are you?	حَالُكَ – كَيْفَ حَالُكَ؟
Wall	حَائِطٌ
Headscarf	حِجَابٌ
Garden	حَدِيقَةٌ
Shoes	حِذَاءٌ
Bag, backpack	حَقِيبَةٌ
Milk	حَلِيبٌ
Bathroom	حَمَّامٌ
Red (F.)	حَمْرَاءُ
Around	حَوْلَ

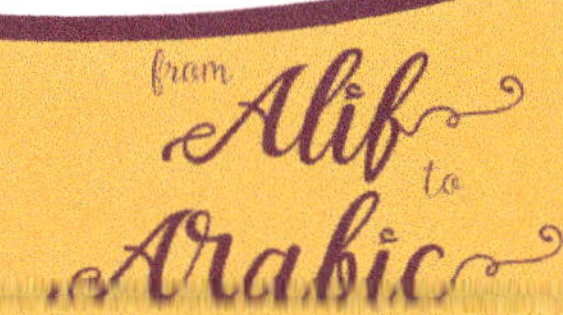

Letter	رِسَالَةٌ
Pomegranate	رُمَّانَةٌ
pomegranates	رُمَّانٌ
Riyal (currency)	رِيَالٌ

ز

Blue (F.)	زَرْقَاءُ
Flower	زَهْرَةٌ
Vase	زَهْرِيَّةٌ
Husband/wife	زَوْجٌ / زَوْجَةٌ

س

Clock, watch	سَاعَةٌ
Saturday	السَّبْتُ
Whiteboard, chalkboard	سَبُّورَةٌ
Curtain	سِتَارَةٌ
Pants, trousers	سِرْوَالٌ
Bed	سَرِيرٌ
Knife	سِكِّينٌ
Basket	سَلَّةٌ
Year	سَنَةٌ
Years	سَنَوَاتٌ
Car	سَيَّارَةٌ

ش

Truck	شَاحِنَةٌ
Street	شَارِعٌ
Tree	شَجَرَةٌ
Policeman	شُرْطِيٌّ
Thanks	شُكْرًا
Fork	شَوْكَةٌ

ص

Sitting room, lounge, living room	صَالَةٌ
Morning	صَبَاحٌ
Small	صَغِيرٌ
Yellow (F.)	صَفْرَاءُ
Prayers (plural)	صَلَوَاتٌ
Box	صُنْدُوقٌ

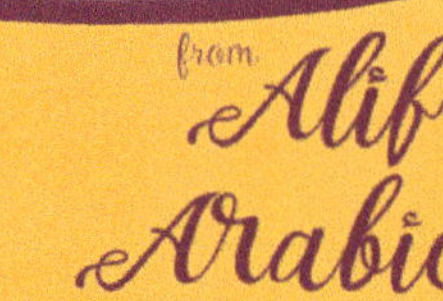

ض	
Light	ضَوْءٌ
Narrow, tight	ضَيِّقٌ
ط	
Student	طَالِبٌ
Female student	طَالِبَةٌ
Plane	طَائِرَةٌ
Table	طَاوِلَةٌ
Plate	طَبَقٌ
Doctor	طَبِيبٌ
Doctor (F.)	طَبِيبَةٌ
Way, road	طَرِيقٌ
Child	طِفْلٌ
Tomatoes	طَمَاطِمُ
Long, tall	طَوِيلٌ
ظ	
Midday	ظُهْرٌ

ع	
Juice	عَصِيرٌ
On	عَلَى
Age	عُمْرٌ
Grapes	عِنَبٌ
Grape	عِنَبَةٌ
With, by	عِنْدَ
غ	
Tomorrow	غَدًا
Room	غُرْفَةٌ
Dining room	غُرْفَةُ الطَّعَامِ
Bedroom	غُرْفَةُ النَّوْمِ
Cover	غِطَاءٌ

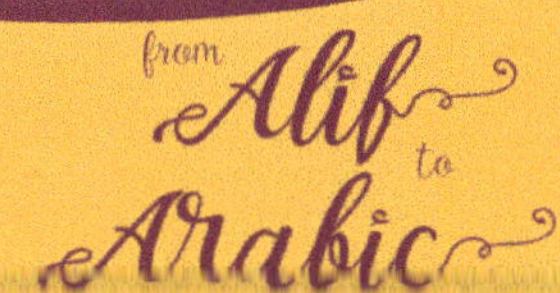

Big	كَبِيرٌ
Book	كِتَابٌ
A lot, many	كَثِيرٌ
Ball, football	كُرَةٌ
Chair	كُرْسِيٌّ
How many	كَمْ
How	كَيْفَ

ل

No	لَا
Meat	لَحْمٌ
Delicious	لَذِيذٌ
Friendly, nice	لَطِيفٌ
The Arabic language	اللُّغَةُ العَرَبِيَّةُ
Colour	لَوْنٌ
Night	لَيْلٌ

م

What	مَا

ف

Fruit	فَاكِهَةٌ
Dress	فُسْتَانٌ
Classroom	فَصْلٌ
Above, on	فَوْقَ
In	فِي

ق

Before	قَبْلَ
Old	قَدِيمٌ
Near	قَرِيبٌ
Short	قَصِيرٌ
Cat	قِطَّةٌ
Pen	قَلَمٌ
Few, little (not many)	قَلِيلٌ
Qamis, blouse	قَمِيصٌ

ك

Glass	كَأْسٌ

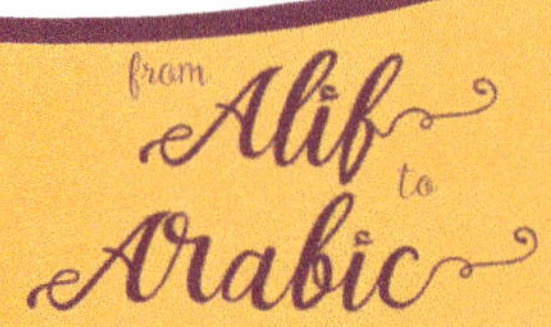

Kitchen	مَطْبَخٌ		What	مَا
Useful	مُفِيدٌ		Water	مَاءٌ
Desk	مَكْتَبٌ		Dining table	مَائِدَةٌ
Bookcase	مَكْتَبَةٌ		What	مَاذَا
Spoon	مِلْعَقَةٌ		Walking (as in: I go to school walking)	مَاشِيًا
Architect	مُهَنْدِسٌ		Skilled	مَاهِر
Bananas	مَوْزٌ		Talented, precise	مُتْقِنٌ
Banana	مَوْزَةٌ		When	مَتَى
Topic	مَوْضُوعٌ		Diligent	مُجْتَهِدٌ
Parking	مَوْقِفٌ		Bus stop	مَحَطَّةٌ

ن

Window	نَافِذَةٌ
We	نَحْنُ
Yes	نَعَمْ
Money	نُقُودٌ

ه

These two (f.)	هَاتَانِ
These two (m.)	هَذَانِ

School	مَدْرَسَةٌ
Mirror	مِرْآةٌ
Time (as in once, two times)	مَرَّةٌ
Toilet	مِرْحَاضٌ
Traffic	مُرُورٌ
Evening	الْمَسَاءُ
Mosque	مَسْجِدٌ
Lamp	مِصْبَاحٌ
Qur'an book	مُصْحَفٌ

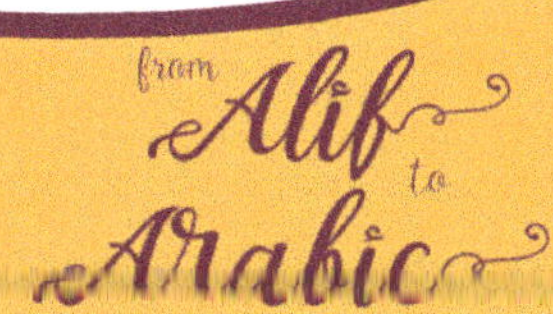

He sits	يَجْلِسُ
He prepares	يُجَهِّزُ
He loves	يُحِبُّ
He studies	يَدْرُسُ
He goes	يَذْهَبُ
He revises	يُرَاجِعُ
He draws	يَرْسُمُ
He lives (in a place), he inhabits	يَسْكُنُ
He listens	يَسْمَعُ
He goes, he rides	يَسِيرُ
He drinks	يَشْرَبُ
He prays	يُصَلِّي
He works	يَعْمَلُ
He reads	يَقْرَأُ
He cuts	يَقْطَعُ
He stands, he stops	يَقِفُ
He writes	يَكْتُبُ
He sleeps	يَنَامُ
Day	يَوْمٌ

Question word (is..?)	هَلْ
They (m. plural)	هُمْ
They (dual)	هُمَا
They (f. plural)	هُنَّ
Here	هُنَا
There	هُنَاكَ
He	هُوَ
She	هِيَ

و

Wide, spacious	وَاسِعٌ
Rose, flower	وَرْدَةٌ
Roses, flowers	وُرُودٌ
Pink	وَرْدِيٌّ
Pillow	وِسَادَةٌ
Boy	وَلَدٌ

ي

He eats	يَأْكُلُ
He makes wudu (ablution)	يَتَوَضَّأُ

Extra rows with words

Prepositions	الظُّروفُ/حُرُوفُ الْجَر
On/above	عَلَى / فَوْقَ
In	فِي
Under	تَحْت
Next to, beside	جَنْبَ
Before, in front of	أَمَامَ
Behind	خَلْفَ
To the right	يَمِينَ
To the left	يَسَارٌ
By, with	عِنْدَ

الأَلْوَانُ
Colours

مُؤَنَّثٌ Feminine		مُذَكَّرٌ Masculine
حَمْرَاءُ		أَحْمَرُ
زَرْقَاءُ		أَزْرَقُ
صَفْرَاءُ		أَصْفَرُ
بَيْضَاءُ		أَبْيَضُ
سَوْدَاءُ		أَسْوَدُ
خَضْرَاءُ		أَخْضَرُ
وَرْدِيَّةٌ		وَرْدِيٌّ
بُرْتُقَالِيَّةٌ		بُرْتُقَالِيٌّ
بُنِّيَّةٌ		بُنِّيٌّ
بَنَفْسَجِيَّةٌ		بَنَفْسَجِيٌّ

<table>
<tr><td>

أَسْمَاءُ الإِشَارَةِ
Demonstrative Pronouns

This (m. singular)	هَذَا
This (f. singular)	هَذِهِ
These (m. dual)	هَاذَانِ
These (f. dual)	هَاتَانِ
These (plural)	هَؤُلَاءِ
That (m. singular)	ذَلِكَ
That (f. singular)	تِلْكَ
Here	هُنَا
There	هُنَاكَ

</td><td>

الضَّمَائِرُ
Personal pronouns

I	أَنَا
We	نَحْنُ
You (m. singular)	أَنْتَ
You (f. singular)	أَنْتِ
You (dual)	أَنْتُمَا
You (m. plural)	أَنْتُمْ
You (f. plural)	أَنْتُنَّ
He	هُوَ
She	هِيَ
They (dual)	هُمَا
They (m. plural)	هُمْ
They (f. plural)	هُنَّ

</td></tr>
</table>

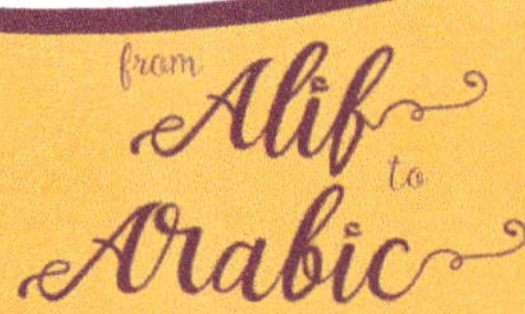

أَدَوَاتُ الْإِسْتِفْهَام
Question words

What	مَا هَذَا؟ What is this?	مَا
What	مَاذَا عَلَى الطَّاوِلَةِ؟ What is on the table?	مَاذَا
When	مَتَى تُصَلِّي الظُّهْرَ؟ When do you pray Dohr?	مَتَى
Question word (is...?)	هَلْ هَذَا كِتَابٌ؟ Is this a book?	هَلْ
Where	أَيْنَ الْحَقِيبَةُ؟ Where is the bag?	أَيْنَ
How	كَيْفَ حَالُكَ؟ How are you? (How is your situation?)	كَيْفَ
Why	لِمَاذَا تَدْرُسُ اللُّغَةَ الْعَرَبِيَّةَ؟ Why do you study Arabic?	لِمَاذَا

The days — الأيام

Monday	Tuesday	Wednesday	Thursday	Friday	Saturday	Sunday
الإِثْنَيْن	الثُّلَاثَاءُ	الأَرْبِعَاءُ	الْخَمِيسُ	الْجُمْعَةُ	السَّبْتُ	الأَحَدُ

Instructions

1. Print the sheets on both sides, preferably on thick, sturdy paper.

2. You can also print the sheets one-sided, and then glue every 2 sheets together.

3. Do you want even firmer cards? Print the sheets on one side, and glue every 2 sheets to the front and back of an A4 cardboard sheet.

- Glue before you start cutting, otherwise everything could get messed up.

4. Cut out the cards.

Game rules

1 player:

- Shuffle the cards and put them in a pile, with the words facing up, on the table.

- Pick up a card and try to remember its meaning.

- Good? Put it in front of you.

- Wrong? Put it in a separate stack so that you can practice it again later.

- Shuffle the cards you got wrong, then practice them again.

2 or more players:

- Shuffle the cards and put them in a pile, with the words facing up, on the table.

- Take turns picking up a card and try to remember its meaning.

- Good? Put it in front of you.

- Wrong? Put it in a separate stack so that you can practice it again later.

- Shuffle the cards you got wrong, then practice them again.

- Whoever has the most cards in front of them at the end of the game, is the winner!

Tips and ideas

- You can also practice the cards with pictures facing up. This is more difficult than with words upwards, a challenge!

- The flowers tell you in which unit you will learn the word. This can be useful when you only want to practice the words of 1 unit, for example.

unit 1   unit 2   unit 3   unit 4   unit 5

فَصْلٌ 	مَكْتَبٌ 	كُرْسِيّ 
www.aliftoarabic.com	www.aliftoarabic.com	www.aliftoarabic.com
مُعَلِّمٌ 	كِتَابٌ 	قَلَمٌ 
www.aliftoarabic.com	www.aliftoarabic.com	www.aliftoarabic.com
طَالِبٌ 	طَالِبَةٌ 	مُعَلِّمَةٌ 
www.aliftoarabic.com	www.aliftoarabic.com	www.aliftoarabic.com
حَقِيبَةٌ 	سَبُّورَةٌ 	مَكْتَبَةٌ 
www.aliftoarabic.com	www.aliftoarabic.com	www.aliftoarabic.com

Thema 2

Thema 3

Thema 1

دَفْتَر

مُصْحَف 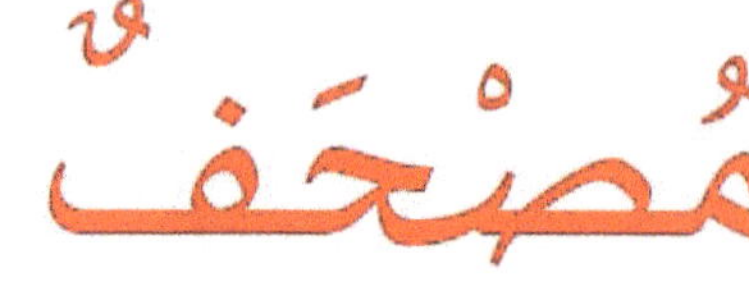

حَاسُوب

بَاب

بَيْت

مَسْجِد

نَافِذَة

سَيَّارَة

طَرِيق

from Alif to Arabic

from Alif to Arabic

from Alif to Arabic

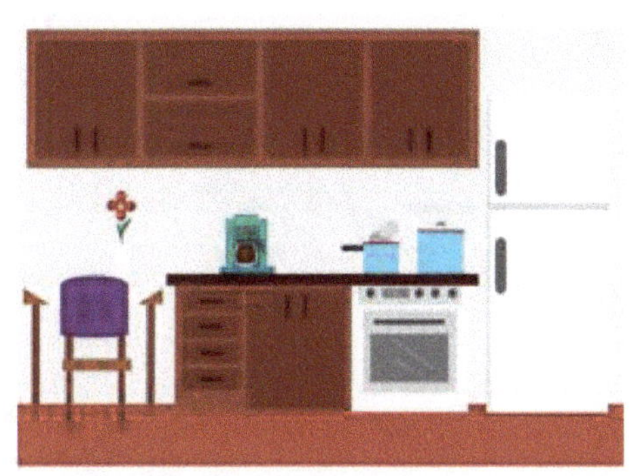

Thema 4

Thema 5

مَطْبَخٌ

ثَلَّاجَةٌ

خُبْزٌ

مَاءٌ

تَمْرٌ

حَلِيبٌ

دَرَّاجَةٌ

وَرْدَةٌ

حَدِيقَةٌ

from Alif to Arabic

كُرَةٌ

from Alif to Arabic

2   1

طَائِرَة	طَاوِلَة	تُفَّاحَة

www.aliftoarabic.com	www.aliftoarabic.com	www.aliftoarabic.com
بُرْتُقَالَة	مَوْزَة	فَاكِهَة

www.aliftoarabic.com	www.aliftoarabic.com	www.aliftoarabic.com
خَوْخَة	إِجَّاصَة	طَبَق

www.aliftoarabic.com	www.aliftoarabic.com	www.aliftoarabic.com
كَأْس	وَاحِد	اِثْنَانِ

www.aliftoarabic.com	www.aliftoarabic.com	www.aliftoarabic.com

5   4   3

6   7   8

9   10

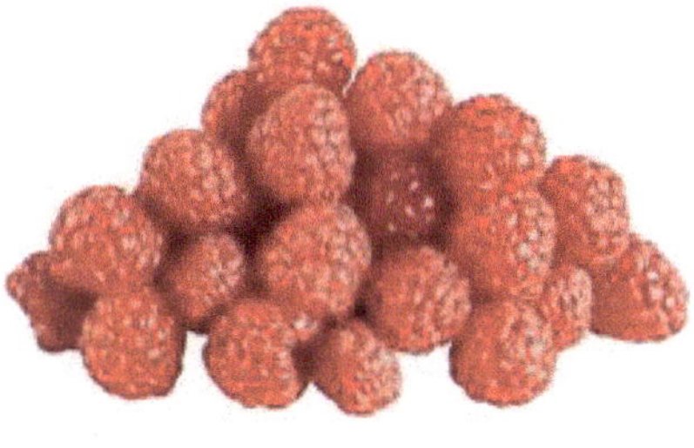

خَمْسَةٌ

أَرْبَعَةٌ

ثَلَاثَةٌ

سِتَّةٌ

سَبْعَةٌ

ثَمَانِيَةٌ

تِسْعَةٌ

عَشَرَةٌ

عِنَبٌ

سَلَّةٌ

رُمَّانٌ

تُوتٌ

خِزَانَةٌ 	ثِيَابٌ 	فُسْتَانٌ 
www.aliftoarabic.com	www.aliftoarabic.com	www.aliftoarabic.com
قَمِيصٌ 	سِرْوَالٌ 	أَزْرَقُ 
www.aliftoarabic.com	www.aliftoarabic.com	www.aliftoarabic.com
أَخْضَرُ 	أَصْفَرُ 	أَحْمَرُ 
www.aliftoarabic.com	www.aliftoarabic.com	www.aliftoarabic.com
أَبْيَضُ 	أَسْوَدُ 	حِجَابٌ 
www.aliftoarabic.com	www.aliftoarabic.com	www.aliftoarabic.com

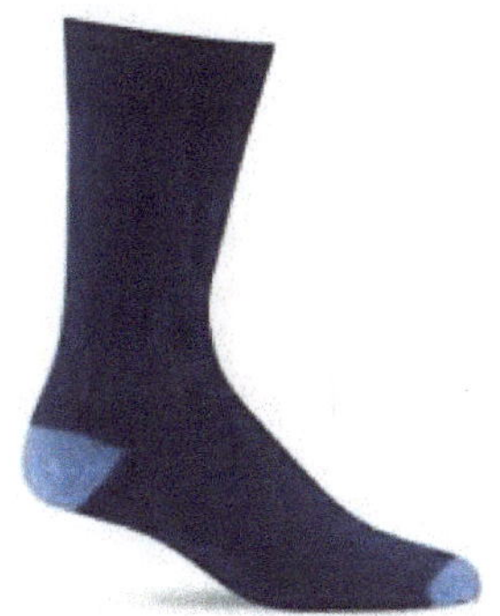

UNIVERSITY

SCHOOL

يَدْرُسُ   يَقْرَأُ   يَجْلِسُ

اِبْن   يَكْتُبُ   يَشْرَبُ

أَب   أَخ   أُخْت

اِبْنَة   أُسْرَة   أُمّ

يَدْرُسُ 	يَقْرَأُ 	يَجْلِسُ 
www.aliftoarabic.com	www.aliftoarabic.com	www.aliftoarabic.com
اِبْن 	يَكْتُبُ 	يَشْرَبُ 
www.aliftoarabic.com	www.aliftoarabic.com	www.aliftoarabic.com
أَب 	أَخ 	أُخْت 
www.aliftoarabic.com	www.aliftoarabic.com	www.aliftoarabic.com
اِبْنَة 	أُسْرَة 	أُمّ 
www.aliftoarabic.com	www.aliftoarabic.com	www.aliftoarabic.com

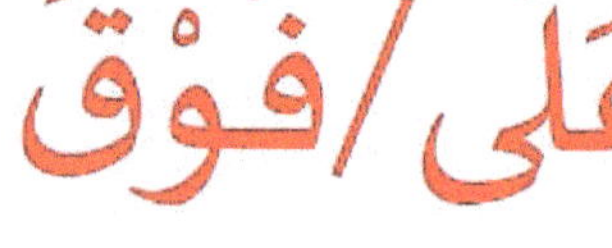

تَحْتَ

www.aliftoarabic.com 

عَلَى / فَوْقَ

www.aliftoarabic.com 

فِي

www.aliftoarabic.com 

جَنْب

www.aliftoarabic.com 

أَمَامَ

www.aliftoarabic.com 

خَلْفَ

www.aliftoarabic.com 

يَأْكُلُ

www.aliftoarabic.com 

كَبِيرٌ

www.aliftoarabic.com 

صَغِيرٌ

www.aliftoarabic.com 

Do you want to keep learning?

Congratulations!

We are so proud that you completed the course, Alhamdulillaah!

You have now made a start with your first words and sentences in Arabic.

We guess that you now want to learn more.

Level 3 – 'A Solid Foundation' is the perfect method to guide you on this path.

Level three also has an accompanying video course and dedicated support.

Like the previous level, we designed level 3 specially for English-speaking women and children.

Completely with you in mind.

You can learn Arabic on your own time and at your own space.

Yet you will be fully guided by an experienced and skilled teacher.

By communicating with other students, you will always feel supported by the community!

Please visit the website: www.aliftoarabic.com

You can also contact us directly:

contact@aliftoarabic.com

Any questions, comments or feedback are

most welcome.   May Allah grant you

good luck in learning Arabic!

The Team

الحمد لله رب العالمين